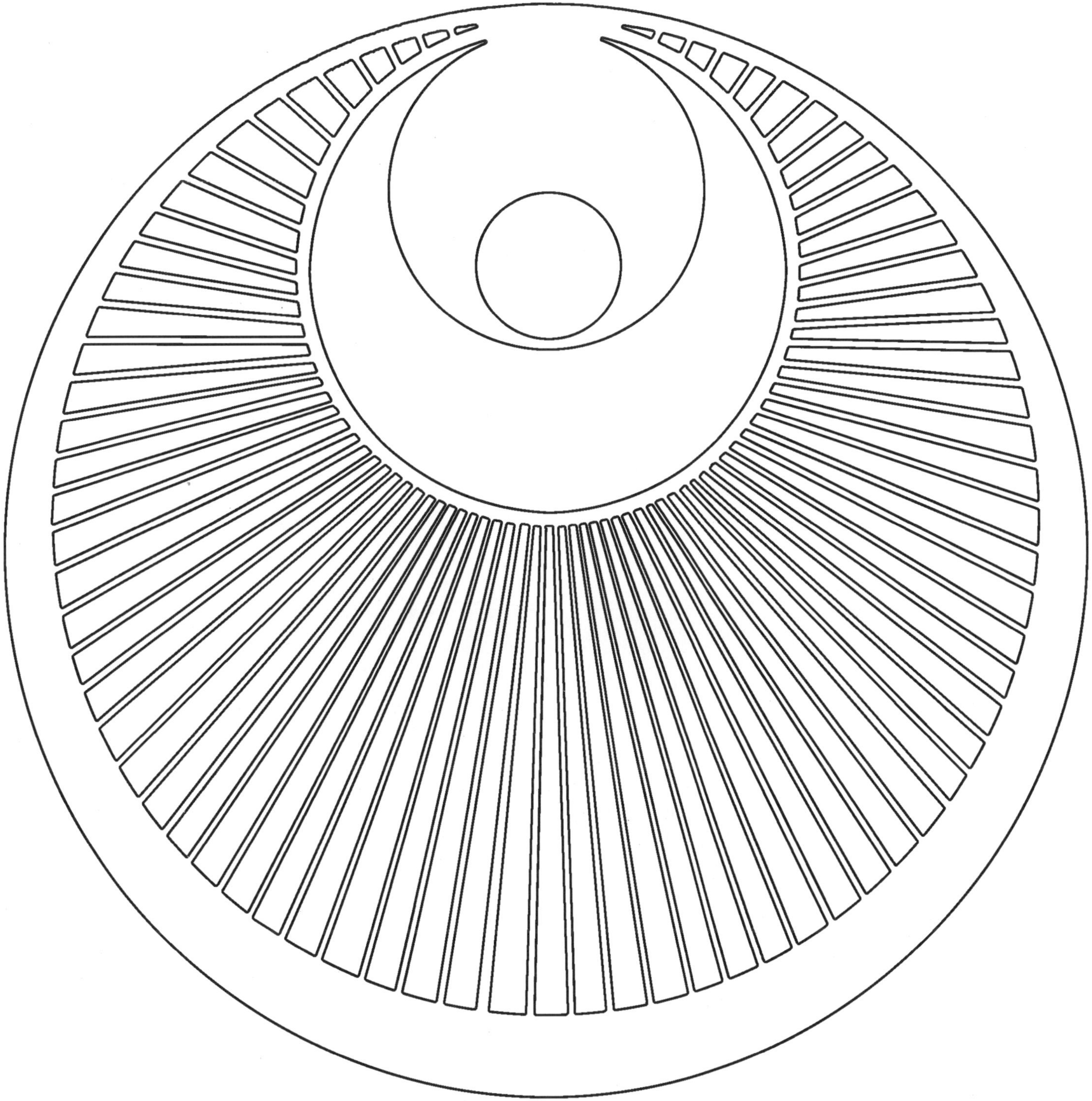

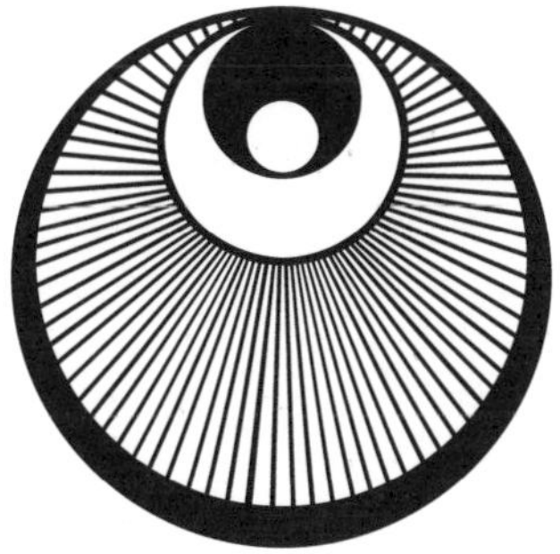

Der Engel
25. Juli 2001
nahe Cambridge
(Cambridgeshire),
England

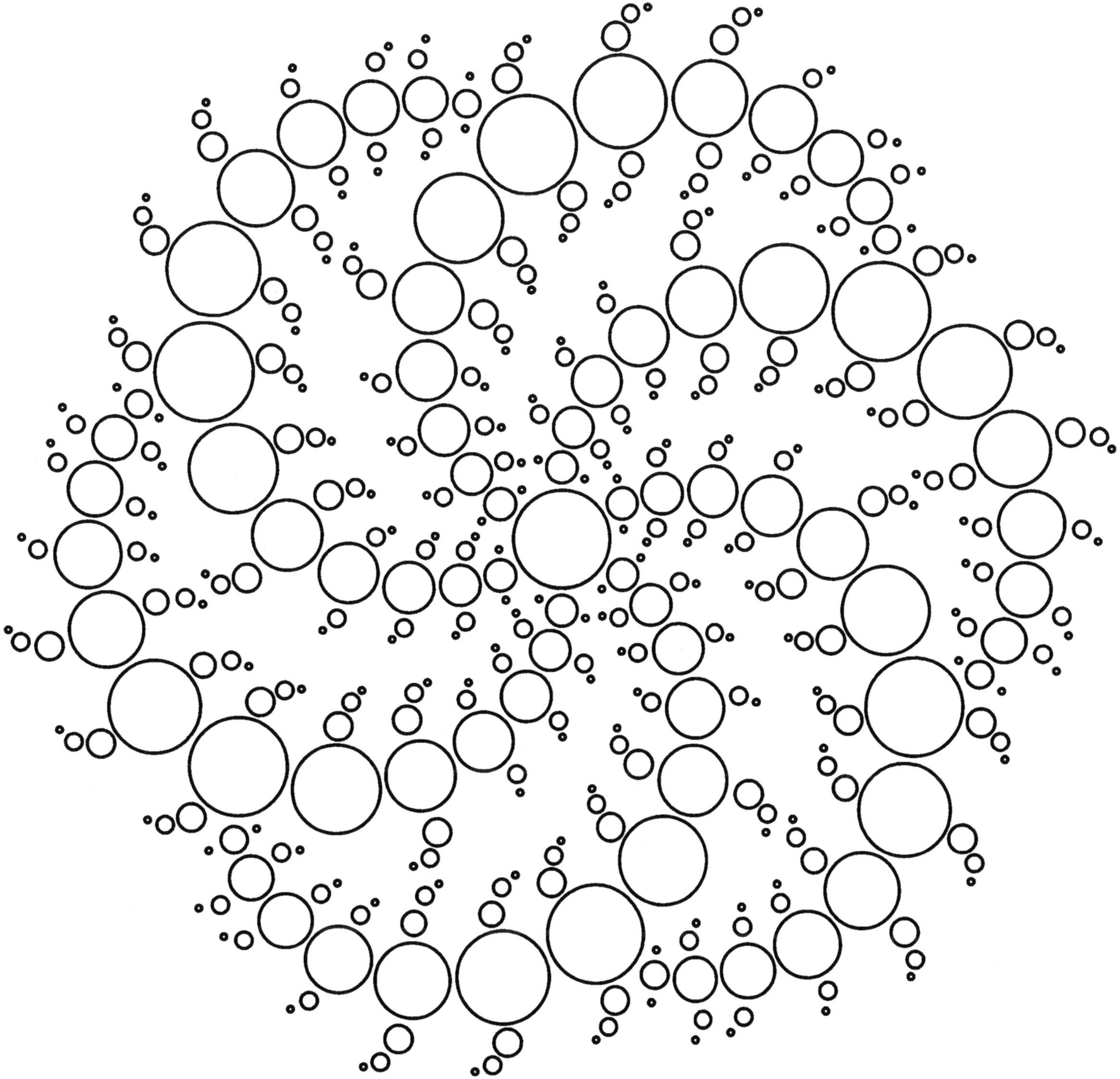

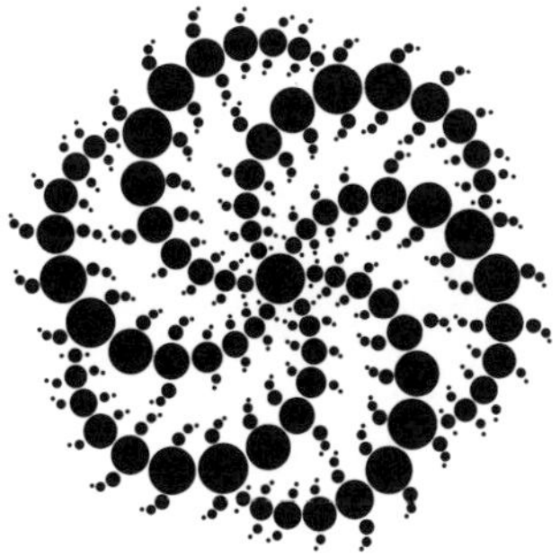

Grand Finale 2001
August 2001
Milk Hill (Wiltshire),
England

409 Kreise bildeten diesen
gigantischen Kornkreis

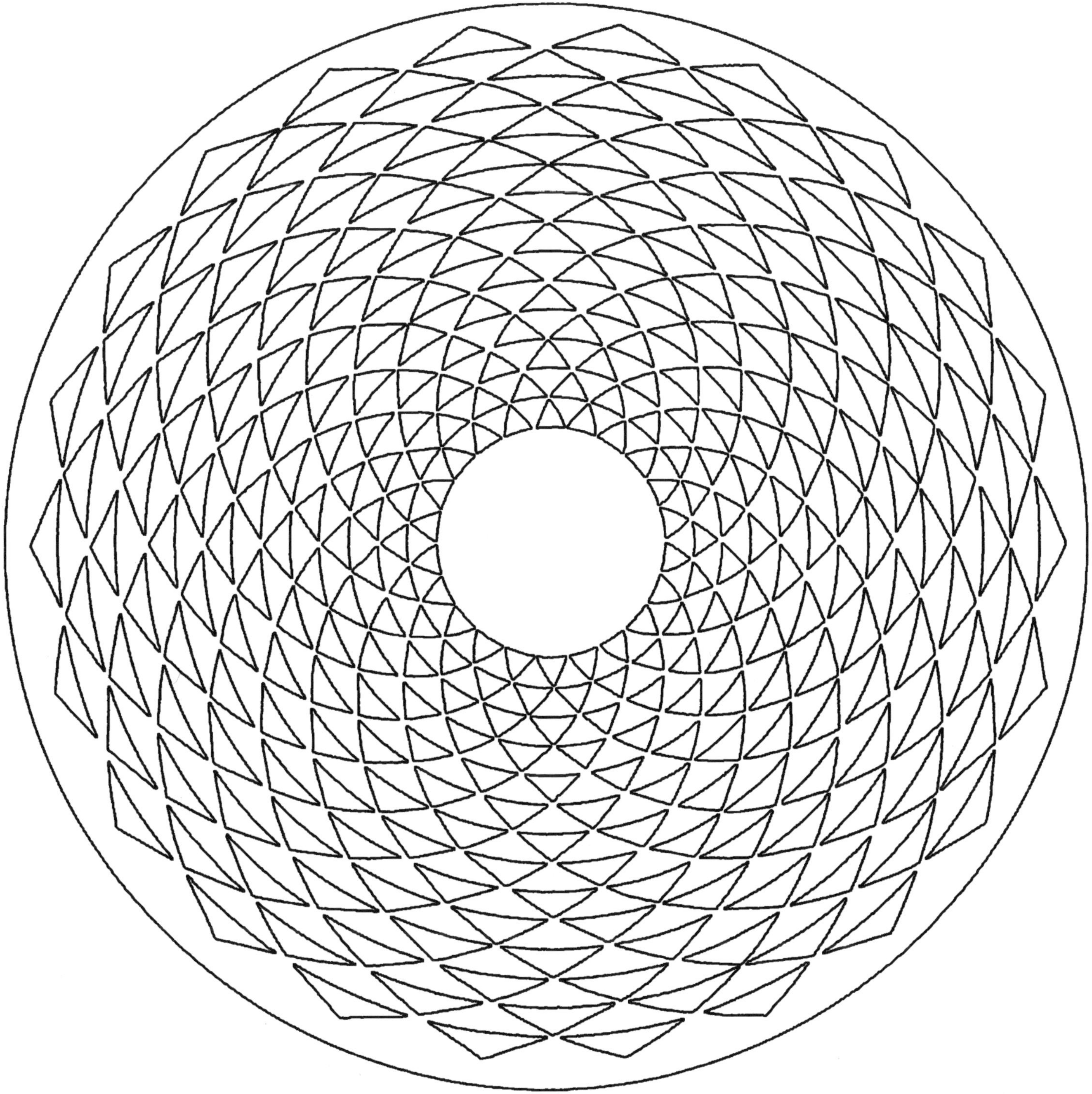

Grand Finale 2000
13. August 2000
Woodborough Hill (Wiltshire),
England

Fraktale Kreise in Balance
13. August 2000
nahe dem Radioteleskop von
Chilbolton bei Andover
(Hampshire), England

Wie innen, so außen
30. Juli 2000
Bishops Sutton,
England

Elffache Geometrie
25. Juli 2000
North Down (Wiltshire),
England

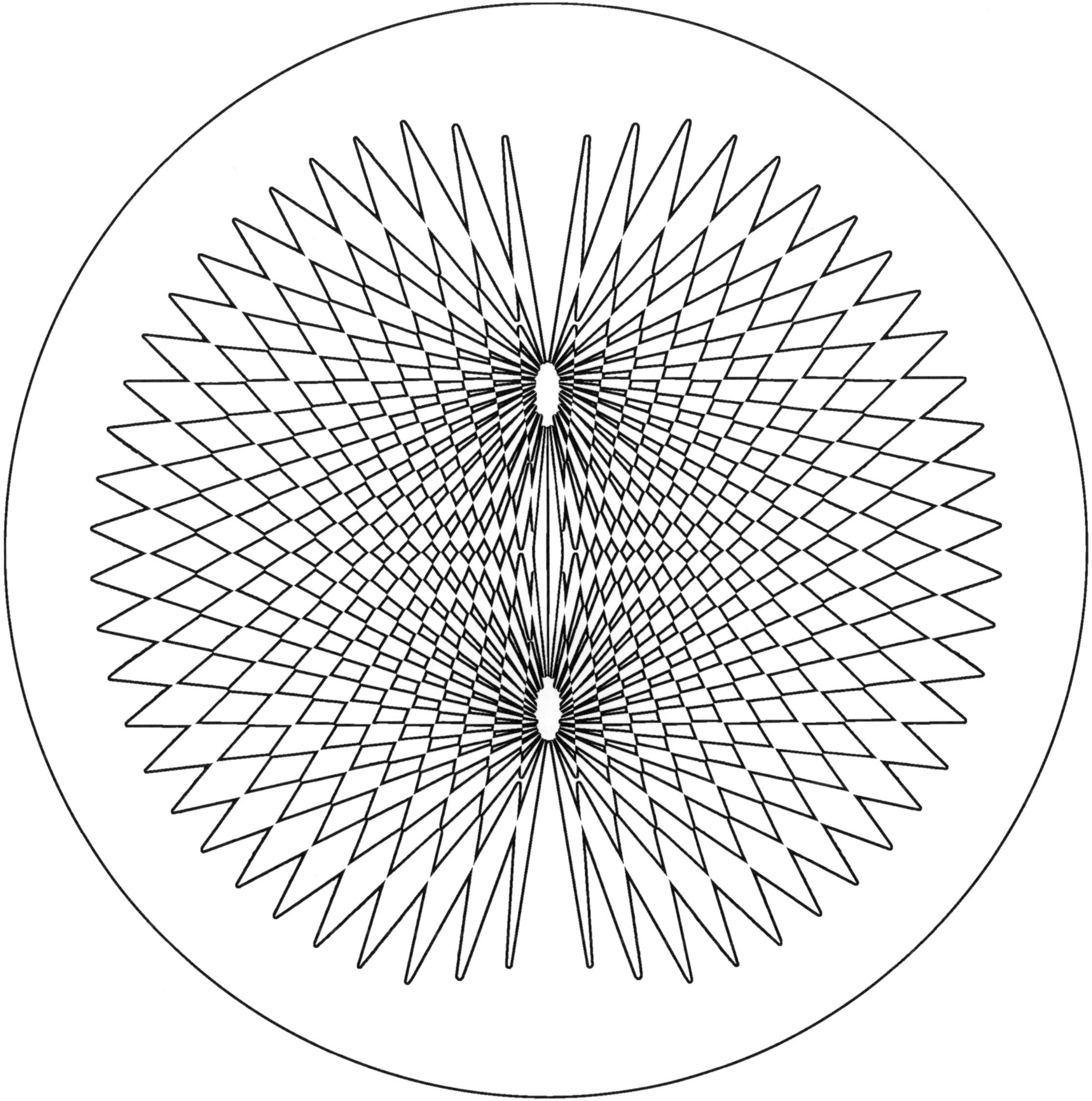

Das Magnetfeld
22. Juli 2000
bei Avebury Trusloe
(Wiltshire),
England

Blütenkelch
16. Juli 2000
Piched Hill, nahe Wilcot
(Wiltshire), England

Figur in Blüte und Blatt
14. Juli 2000
West Stowell (Wiltshire), England

Neun Dreiecke als Pyramide
2./3. Juli 2000
Silbury Hill (Wiltshire), England

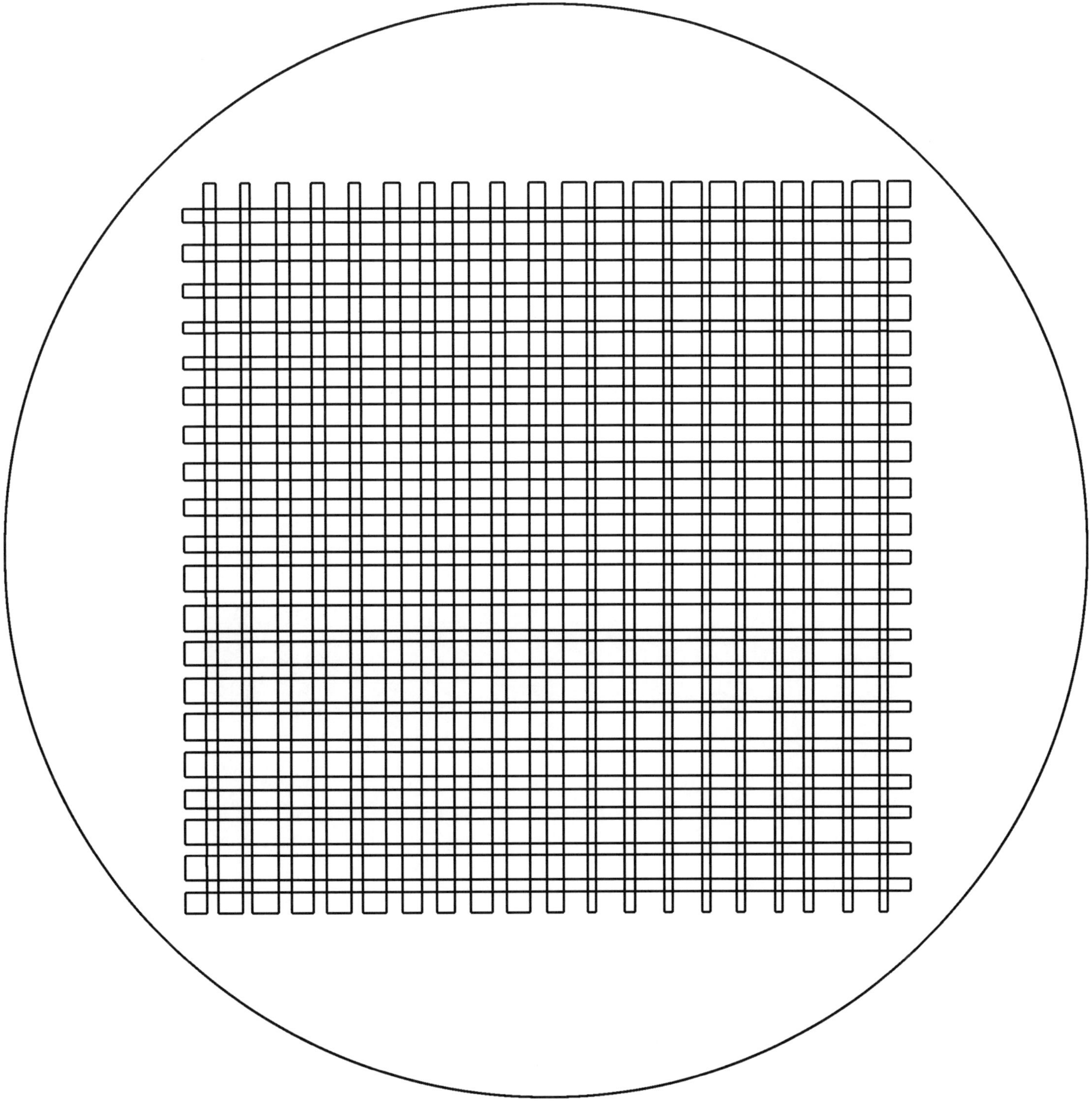

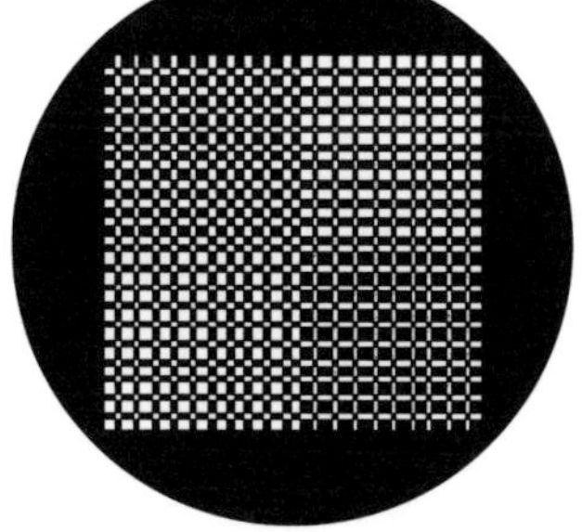

Code aus Quadraten und Rechtecken
2. Juli 2000
East Kennet (Wiltshire), England

Ellipsenknoten
24. Mai 2000
Martinshagen (Hessen),
Deutschland

Fraktale Pyramiden
4. August 1999
beim Langgrab von West
Kennet (Wiltshire), England

Die Krone
31. Juli 1999
Roundway (Wiltshire),
England

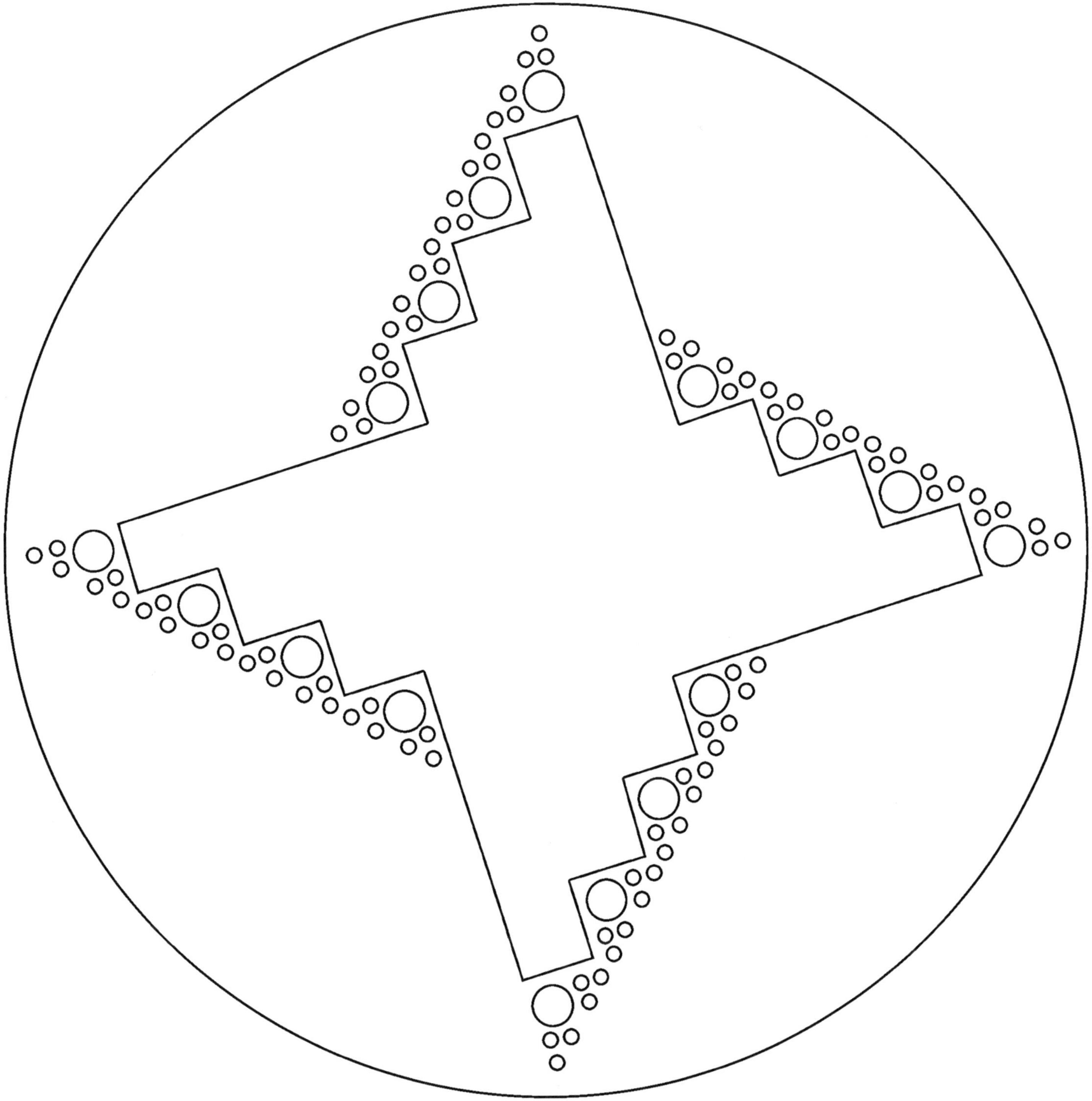

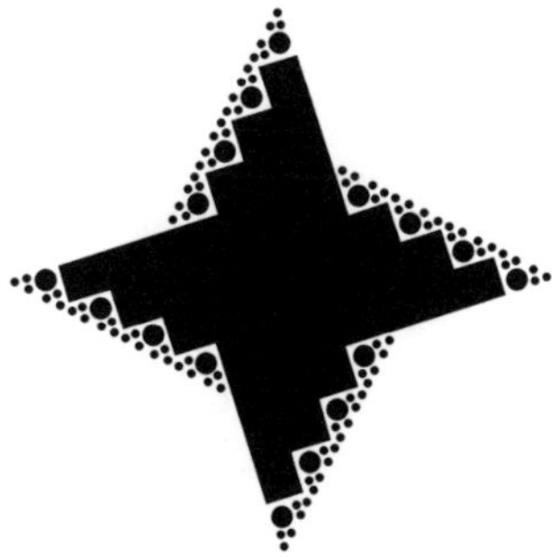

Himmelstreppen
24. Juli 1999
Silbury Hill (Wiltshire),
England

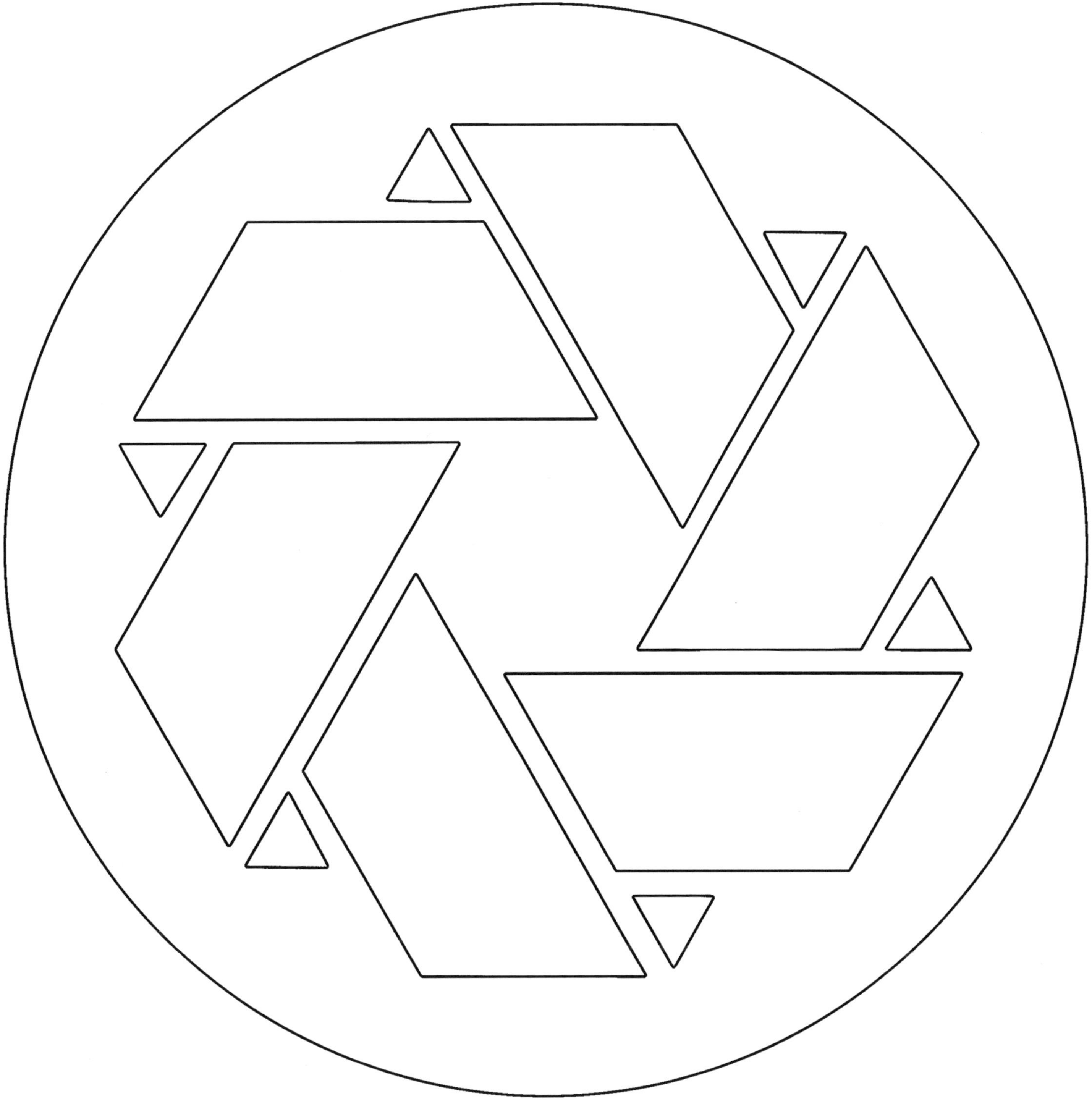

Origami-Band
23. Juli 1999
Beckhampton (Wiltshire),
England

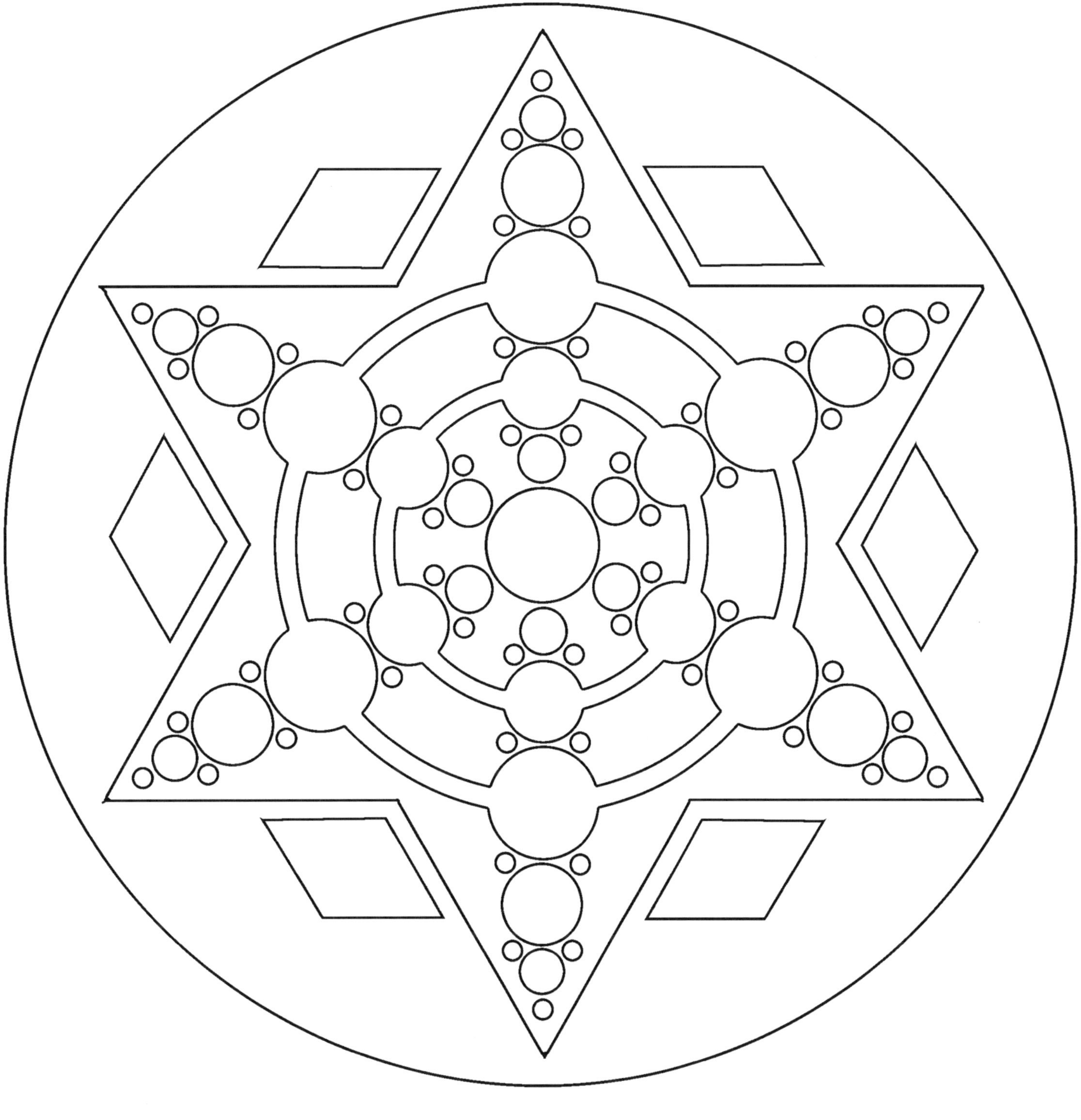

Sechszackenstern
21. Juli 1999
beim Dolmen von Devils Den,
nahe Marlborough (Wiltshire),
England

Stargate
21. Juli 1999
Liddington Castle (Wiltshire),
England

Neunzackenstern
18. Juli 1999
Cherhill (Wiltshire),
England

Sichelwirbel
4. Juli 1999
Hackpen Hill (Wiltshire),
England

Neunerstern
24. Juni 1999
Sugar Hill, nahe Swindon
(Wiltshire), England

Das siebenfache Finale
1998
9. August 1998
Tawnsmead Cops (Wiltshire),
England

Sechser-Fraktalgeometrie
8. August 1998
Milk Hill (Wiltshire),
England

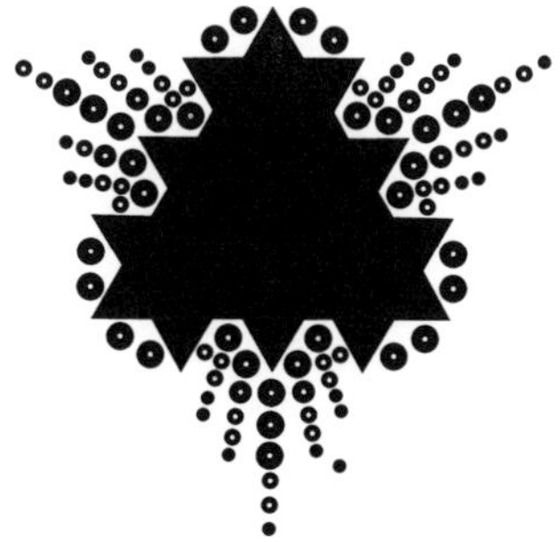

Dreiecke im Dreieck
18. August 1997
Hackpen Hill (Wiltshire),
England

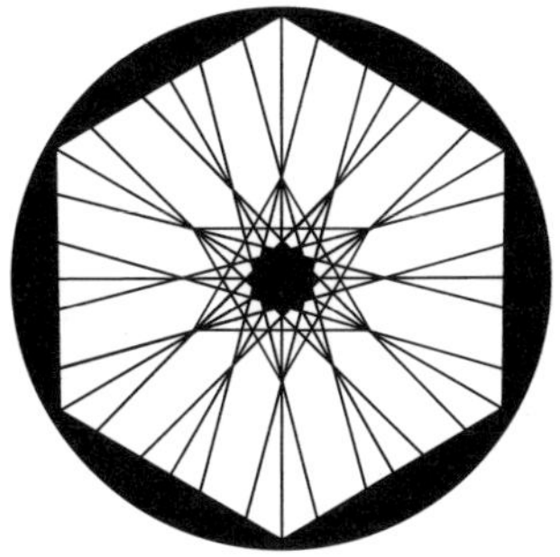

Liebe und Dankbarkeit
14. Juli 1997
Warminster (Wiltshire),
England

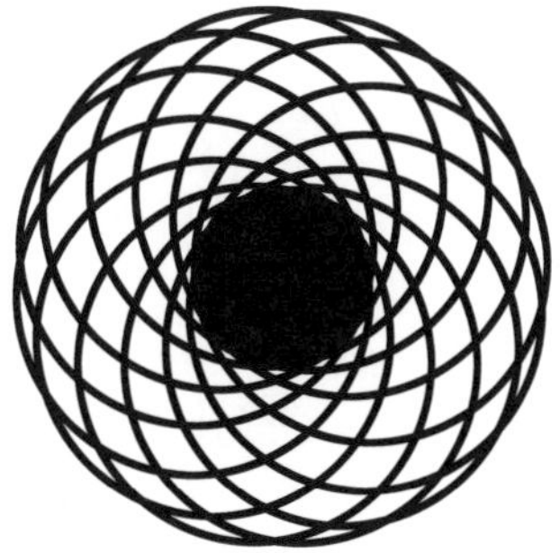

Der Torus
11. Juli 1997
Alton Barnes (Wiltshire),
England

Wasserkristall
10. Juni 1997
Stonehenge (Wiltshire),
England

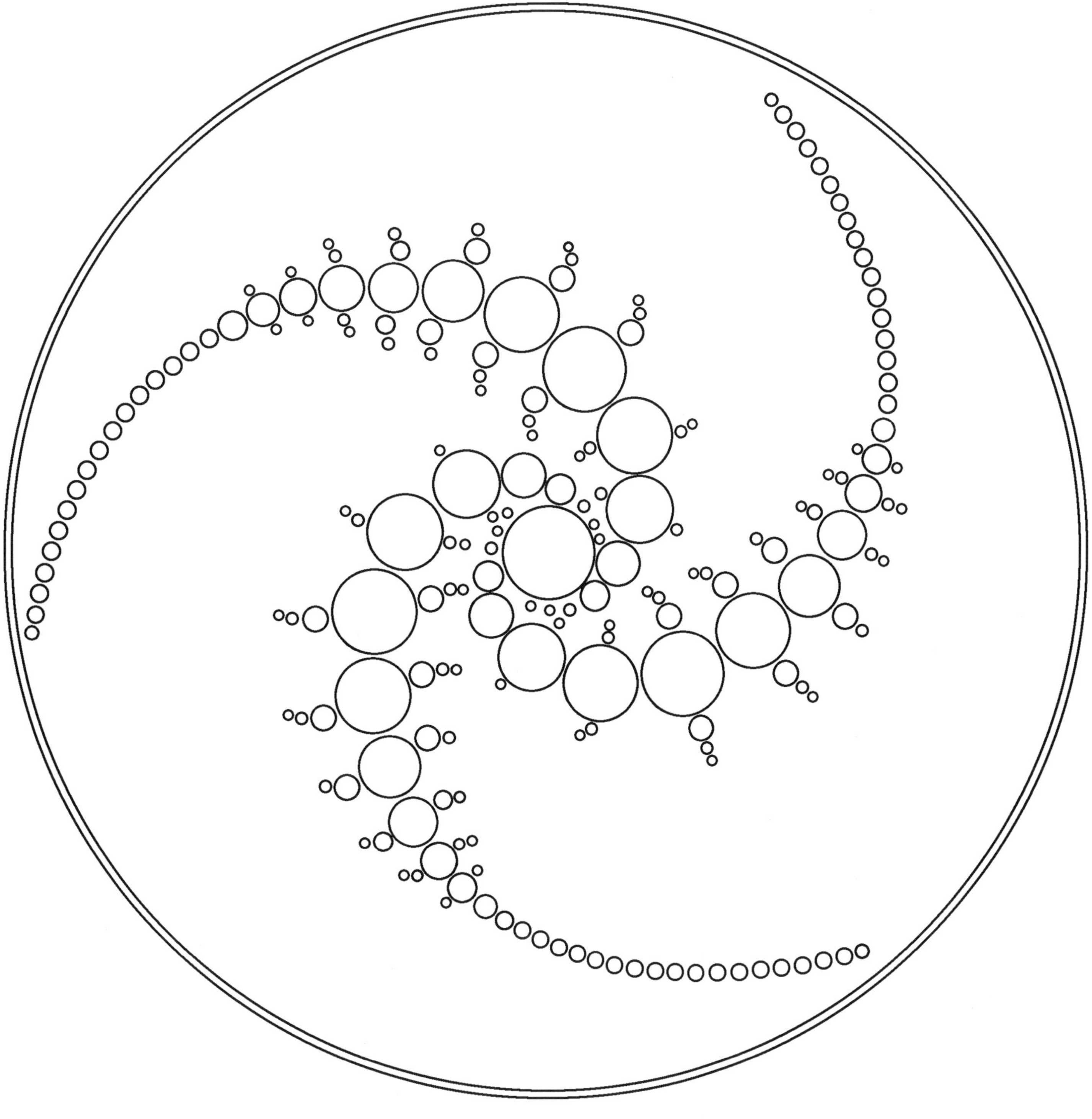

194 Kreise als Spiralarme
29. Juli 1996
Windmill Hill (Wiltshire),
England

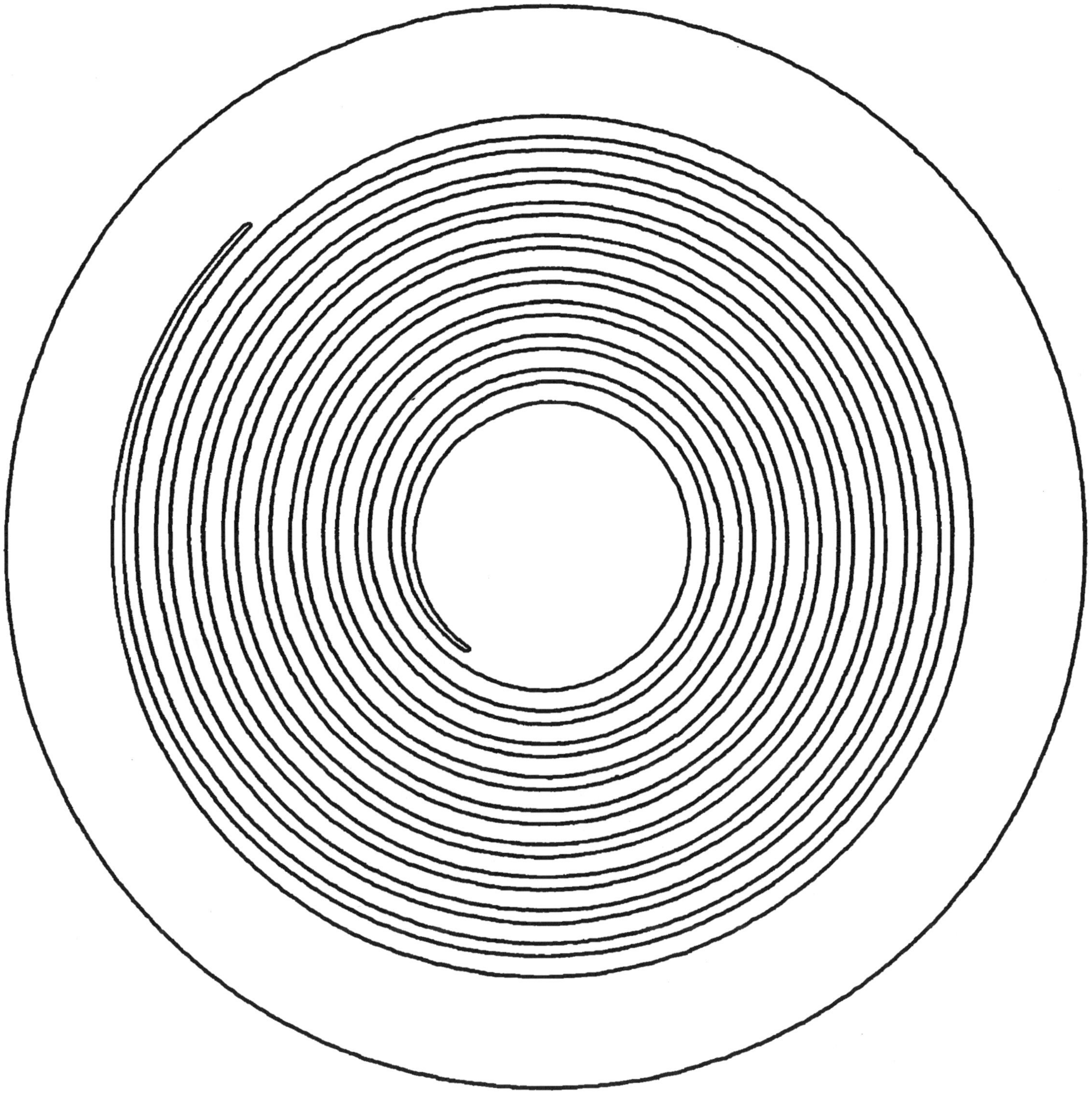

Die Spirale
29. Mai 1995
Beckhampton (Wiltshire),
England

Das Netz
11./12. August 1994
Avebury (Wiltshire),
England

Die Mondschlange
9. August 1994
Avebury Trusloe (Wiltshire),
England

Die Mutter aller Piktogramme
17. Juli 1991
Barbury Castle (Wiltshire), England